sammlung luchterhand 390

D1723596

ernst jandl
der gelbe hund
gedichte

luchterhand

sammlung luchterhand, august 1982

© 1982 by hermann luchterhand verlag gmbh & co. kg,
darmstadt und neuwied
lektorat: klaus siblewski
umschlaggestaltung: kalle giese
herstellung: martin faust
gesamtherstellung bei der
druck- und verlags-gesellschaft mbh, darmstadt
isbn 3-472-61390-4

inhalt

um ein gedicht zu machen
habe ich nichts

eine ganze sprache
ein ganzes leben
ein ganzes denken
ein ganzes erinnern

um ein gedicht zu machen
habe ich nichts

contents

i've got nothing
to make a poem

a whole language
a whole life
a whole mind
a whole memory

i've got nothing
to make a poem

der gelbe hund

der hund wischt sich am hund den mund gern ab
nämlich am hund der er nicht selber ist
wenn aber er allein und hund nur selber ist
wischt gern an sich den mund er selber ab

so hält auch gelb sich lieber auf bei blau
grau grün rot lila – steht jedoch nur gelbes
korn vorn vor gelber villa, gelben himmel drüber
ist auch das gelb sich selbst am liebsten lieber.

ich lernen

mama mich haben *ich* lernen
vielen jahren vor ihren tod
haben papa ich gleich zeigen was lernen
wenn sein nachhauskommen von büro
sein seither immer ich ich gwesen
niemanden anderen sonst
sein alles was irgendwer sein könn
können aber sein auch wüst und leer

der morgenbauch

der morgenbauch
ist ein geübter brauch.
brauch ich ihn? vielleicht
er mich. schleppt sich dann
den tag qualvoll hinan
wie die piramüden von kittsee.
(erklärung: das erste thema
ist der morgenbauch; das zweite thema
ist der brauch und ich brauch; das
dritte thema ist die piramüden
von kittsee; die durchführung
ist lässig, durchlässig und
ein wenig lästig /für manche/
.)

gedichte an die kindheit

1

der seelenhirte

daß alle menschen etwa
eine einzige seele möchten sein,
die reicht, solang sie leben,
in ihre körper hinein
und schnappt, sobald sie sterben,
dann irgendwo zurück
in diesen einzigen großen seelenleib,
in dieses unvergängliche glück,
das wollte ich gern hoffen.

2

der nebel

der nebel kommt
und legt einen schleier
über die nahen dinge,
die noch zu sehen sind.
über die fernen dinge aber
legt er sich dicht.
ich seh sie nicht
und weiß oft nicht
ob sie überhaupt dort sind.

3

der nebel

der nebel ist das leben,
wenn man es von hinten beginnt.
das möchte manchmal jeder,

zu werden noch ein kind.
ich möchte es immer mehr,
je älter ich werde,
und komme doch immer näher
meiner mutter der erde
was auch heißen kann:
meiner mutter in der erde.

4
die einsamkeit

das muß schon einige zeit her sein,
daß ich von einsamkeit gelesen habe,
denn längst ist einsamkeit nicht mehr
so fern (von mir),
daß ich es lesen muß
um etwas davon zu hören.
sie geht mir tag und nacht
nicht mehr aus den ohren.

5
die spuren

die spuren, die ich hinterlasse,
sind in mancher schrift
geschrieben und gedruckt.
die luftbewegung der zeit
wischt sie von den seiten
früher oder später
und ich werde mich nicht einmischen.
aber in die erde
werde ich mich einmischen

so tief hinein, so oberflächlich hinein
und, wen es nicht zu tränen rührt,
so lächerlich, aber spurlos,
nämlich eine luftbewegung
ohne eine zeitbewegung.

6
die dankbarkeit

die dankbarkeit ist stets
zur guten tat bereit.
dankbar bin ich nicht immer
und auch nicht für alles.
wer für alles dankbar könnte sein,
müßte einen sehr großen und edlen mut besitzen,
davon habe ich so wenig
und auch der ist oft nicht gut.
aber ich weiß schon,
daß vor der eigenen dankbarkeit
auch angst habe,
auch sage: warum
sagst du danke? ich habe
dir nichts gutes gebracht.

7
ein roman

ein roman ist eine geschichte
               in der
alles zu lang dauert.
das ist ein roman.

8
das dorf

das dorf ist kleiner als die stadt,
abor nicht so klein wie das haus.
es besteht aus mehreren von ihnen.
und jedes ist so arg
sogar bewohnt.

9
der kannibale

der kannibale lebt in einer einfachen hütte
und denkt an gott.

10
niemals war ein weihnachtsmann.
aber das christkind.
der glanz war blendend
    wunderbar.
das ganze zimmer war
    blendend.
und der schöne christbaum und
    die vielen schönen sachen.
seit über vierzig jahren
hab ich nicht mehr daran
    geglaubt.
aber jetzt beginnt sich
    etwas zu ändern.
alles kann mich plötzlich
    blenden

nämlich jedes gewöhnliche
    ding.
        ich halte
    nichts in den händen
nach so langer zeit.
aber es ist nicht mehr
        so weit bis dorthin
als es schon war.
das wird das ganze
        zimmer
in das ich eingesperrt bin
groß und weiß und
        blendend wunderbar.

11
der winter

das ganze land ist tief verschneit.
die gelbe wand ist beinah weiß.
der rauch aus dem schornstein ist weiß.
aber die rote ziegelwand bleibt rot.
und meine finger sind fast tot.

12
ein großer wunsch

ich will zurück
bis in das alter von drei jahren.
damals war ich kerngesund
und hatte angst
nur vor jedem großen hund.

13
er hat zu jeder alterszeit
die art und weise, wie
    er schreibt.
jetzt ist er alt genug
zu schreiben wie ein kind.
jedes gedicht ist jetzt ein
    brief an das christkind.

14
mehr nicht

weinend fahre ich nach
            haus
wo bin ich denn gewesen?
ich bin in der großen
        stadt münchen gewesen.
mehr steht hier nicht zu
        lesen.

15
die bitte

lieber gott,
mach mich neu
daß ich mich wieder freu
ob bub oder mädel
ob mann oder frau
ist mir egal
nur nicht zu alt
mach mich halt
bitte

im märz 1976 schrieb ich den zyklus »tagenglas« und begann
damit eine reihe von gedichten, deren sprache, im gegensatz
zu aller herkömmlichen poesie, unter dem niveau der alltags-
sprache liegt. es ist die sprache von leuten, die deutsch zu
reden genötigt sind, ohne es je systematisch erlernt zu haben.
manche nennen es »gastarbeiterdeutsch«, ich aber, im hin-
blick auf poesie, nenne es eine »heruntergekommene spra-
che«. im dezember 1977 begab ich mich, im zyklus »gedichte
an die kindheit«, vorübergehend auf einen weniger düsteren
nebenpfad. aus der thematik des zyklus und einer aufhellung
der seelenverfassung des autors bot sich, zum vorerst einma-
ligen gebrauch, eine »verkindlichte sprache« an. sie enthält
fehlerhaftes, widersprüchliches und banales, wird aber, im
gegensatz zur »heruntergekommenen« abart, deutlich ge-
steuert durch eine der dauernden sprachschulung ausge-
setzte intelligenz. man beachte im übrigen, daß hier nicht
versucht wird, »gedichte *aus* der kindheit« zu schreiben; vom
alter des autors ist mehrfach die rede, und er täuscht es nicht
weg.

von tauben

wie oft-oft
sein ich gesessen vorn vom
weißen papieren und nicht
gefüllen sich haben mit lettern und wörten den
weißen papieren sondern
weißen geblieben es sein;
sondern weißen geblieben es sein. oft-oft
weißen geblieben es sein;
weißen geblieben-weißen geblieben
es sein-es sein. oft-oft
weißen geblieben es sein.

und dann sein rauskommen
gleich forzen übeln ein duft. und ich
auff machen den wind augen (*fenestram*)
und sein rein-kommen der tauben, vogel-tauben
SCHREIN! und ich sagen haben: sssss-
sein

ölig in seh monin', wähli wähli ölig
wähli wähli ölig in seh monin'..

naß-tasch

du sein ein naß-tasch, ein naß-tasch darin
ich stecken mit mein handen, alt-handen, geh-
nucken-handen, der sein jetzt werden allen beiden
ein nix-mehr-behalt, ein kalt-handen. so sein
zeit du könn sagen, so sein zeit, du naß-tasch! und sein doch
ein
längst-längst entflüchtigen, ein vaporisierenen geht-danken,
geht-danken in hirnen, dessen sein geht-danken ohren – ein
hör.
und es sein kommen, du naß-tasch, es sein kommen DU
heraußen aus zeiten das nicht sein gewesen ein zeiten,
neinnein,
das sein gewesen ein herzen, ein einzigen ritz/riesenen-
großen ein
mit herauswachsenen flügen-handen ein, ein flügen-handen-
herzen, ein o-
ozeanen deren offenen hoffenen welten. und es sein darin
gewes
ein russischen prinzehs . . naß-tasch oh naß-tasch! – wer
haben dein
weit flügen old rußland schön namen genehmt
und stecken mein dreck-trauern handen darein,
bis daß der erden wüt
sein auf mein ganzen längen über gangen.

2. 2. 78 – auf reise nach triest

für otto breicha

flüssen von wort
aufhalten zu müssen zu wollen
sein der poeta, sein dessen an
sich/sichel erzogenen
erz-eigen erzeugenen (oh des
obsolet mond-biegenen
glanz-stahl eins schneidenden:
sich/sichel & köpf, dieses kaputtenen
firma). ein hutschenpferden
könnten vielleicht nicht noch
flotten ein zug, oder doch,
darin poetam eisfährt ein
treibstock, du solltetest
töten nicht, auch nicht
den blickenen reh, auch nicht
das gebückene hasen.

als noch am bahnenhof
    stehen das zug
sein von flocken gewesen
    ein schneiden
und getrennt der
    sichtende
von ein großen scheiben
    glas.
jetzen sein der landen-
    schaffen ein schnee-liegen
    ein dünn
schnee-lügen fleckenweiß
auf herztrommeln.
kommen packt, komm
    packt

den landschaff das
    weiß-schnee
ein dick-deck

nicht ich könn
    schreiben mir ein
briefen, das aus
    benützer-freuden
(vojtech ein nam
    sein)
nur einen federn noch
    halten
können, ein stift, einen
    lieben – den
halten es. und haben noch
    dürfen ein blatt.
nach sonne
geht der blume kopf.

den den den sand
    an fuß bleiben
schraubt kein zirkeln;
    ein nebelkuf,
    ein gruf,
belebenen den
    dehn-bergen
vorn nach ruinen
    von karst.

sein ein golden
    berührt
kein arsch sich
    an knechten

5 dreizeiler

wenn sein der ersten zeil gestellt
flugs werd ein zweiten hingehällt
plutz einen dritt – drei sein bestellt.

+

nicht lang den ersten zeil anstieren
ein zweiten hurtig drunten schmieren
und mit ein dritt den beiden zieren.

+

zeil eins der sein das munt
zeil zwei das schleimen bunt
zeil drei der schmücke kinn darunt.

+

was im zeil eins nicht war
schiebt zeil zwei wunderbar
hin zum zeil drei. als klar.

+

eins sein ein nam'
zwei sein noch mal der nam'
drei sein schon schlamm

sehn ich so jung dein gesicht, und dornenbusch
ich rufen dornenbusch, mit ein spitz-messer-dolch-dorn, ein
dorn-scheren, zweikling, fürn jeden der beidigen augen.
beleidigen, beleidigen schöpf, schöpflöff den schöpfen-akt,
schöffen, töff-töff. und der sehensucht sein ein des
donnerbusch, ein flug-runt-rutsch, ein platsch
von einen boeing. sein zu sicheren doch DU
metallen-vockel, ein brütz, ts--c--h ts--c--h,
einen gewühl, pro domo klumperen. ich und mein
fertsch-tand. nach noch bein ich sichtig/süch
dünn-dick. sünn
düch-dick. ein sonn
onnentag, ein pro pro pro pro
uganda uganda minenten
einen vertro/trie
traben haben schlapf, ein kapf, wappe.
tu den zweig nicht einbiegen du tun
ein der türen trau drauf den der schaum schäm sippil,
ein druuwi druuwi, blääääää
tschlll.
aber sein ein vattern und bemorgen
einen an juckend, juckendl, ich-keit,
vor mooren sein ein schlafen-turunk,
ein ich nichti-nichti
nimmer-meere
so augenlose ich solle ich sein. Oi-
dübuuus . . .
KLUMM!

von walden

nun sein der tagen viele
hingangen als ein morasten
und der nächten noch viel mehreren
autzkommen als ein schlucken den drachen den
sankten georgen, yessir, den sankten
georgen; diesmalen es sein ein
stundenspuck, ein aus greifen greif greifenden
ein vielfinger fingerviel fingerverfall fühl
einen grotz-morasten der baumschenk der
SCHRECK: sein einen glocken nicht von dero
stricken, diesen du aufbinden auf baumen sein so
walden und es dessen wehenden, dessen weh-wehenden
wippeln/wiffeln/wiff/wipfeln: ein grotz
wanderungen dies sein, ein mit kinden-schuhen unter
andachten, sein wir gewetzelt, wählt, wählt, der
WELTE. und hören du noch der winden den saus,
hochen stämm den geknarren. und sein kein
furchten gewetzent, kein abbend-ab-zetteln,
nicht noch ein kalender-kalandern, plotz so ein witscheln
an ein moosigen baum-fuß. und mit lederhos
gangen sein mein vattern.

von tiern

an hunden wird gebundenbar, barett, ein brett,
das scheppernd hinterfährt, noch ehender an katzen,
ein nicht mehr wieder-fuhr, ein nur, ein schmalen,
das aufmalt sich an weges läuften, allen
vierbeiners geh, gehwegen, weg, ich ruh
so gern, sagt sich in hund/katz-sprach
nämliches tier; verzweifelung die hatz,
der es anheimfällt, fürderhin, des menschen tatze
völlig entzogen – war nur moment
anbindens solcher schepperqual, ging dann
hinüber auf ein menschlicher konzept, worin
nicht hund noch katz ein rollen spielen, wollen
humaner kapp auf kopf sich unter gleichen trollen,
wo es nicht gibt solch ein vierbeiner-ding,
und wenn, dann höchstens morsch und höchst gering.

kreml

tag und nacht
scheuern frauen
die goldenen kuppeln
der kathedralen

unsichtbare
scheuerfrauen
eines unsichtbaren
gottes

mitten
im verlotterten

wiedergefunden

ein blatt
darauf
maschingeschrieben
maus

sonst nichts

vor tagen
wochen
unbestimmter zeit
kam das da drauf

von mir

ich weiß

themen

die großen
themen
kommen
mit den tiefen
einsichten

mein rechter
daumen
wenn ich ihn
ansehe
fordert mich
zum arzt

schon lange

es geht
von ihm
was weg

wasser, allein

wenn ich
für mich
wen sonst
ein glas
mit wasser
fülle

erinnere ich
sogleich
eine tablette
die wasser
braucht

was soll
wasser allein

vom aufrechten gang

die würde
der volksvertreter
begründet
die würde
des volks
(nicht umgekehrt)

aufrecht
gehend
sind sie sich bewußt
ihres aufrechten
gehens
als einer ungeheuren errungenschaft

die andern
gedankenlos
können nicht anders
als sich ebenso bewegen

aber jene
die allzeit
daran denkenden
könnten es jederzeit
auch anders

glückwunsch

wir alle wünschen jedem alles gute:
daß der gezielte schlag ihn just verfehle;
daß er, getroffen zwar, sichtbar nicht blute;
daß, blutend wohl, er keinesfalls verblute;
daß, falls verblutend, er nicht schmerz empfinde;
daß er, von schmerz zerfetzt, zurück zur stelle finde
wo er den ersten falschen schritt noch nicht gesetzt –
wir jeder wünschen allen alles gute

zur existenz

zur existenz
die koexistenz
und warum nicht zur koexistenz
die kokoexistenz
und dann zu dieser
die kokokoexistenz
deren logische weiterführung
die kokokokoexistenz ist

so ist dem ko-
überhaupt keine grenze gesetzt
und auch nicht den waffensystemen
die ein solches ko- erst ermöglichen
sondern bloß der existenz
die jeweils nur ein einziges mal vorkommt
und daher auch so belanglos ist

die überwindung

für friederike mayröcker

kaum habe er
geschrieben was an diesem einen tag
er schreiben habe wollen

so überkomme ihn
nicht durst nein
trinkenslust

auch wenn es nicht
der tageszeit entspreche
und wenn es nicht

der tageszeit entspreche
fange für ihn
ein scharfer zwiespalt an

am schärfsten spürbar wenn
der tagesplan
noch ein zusammentreffen vorsehe

ausgenommen mit der ihm engst vertrauten
vor der er auch
wehenden alkohols nicht reuig stehe

also versuche er es
mit einem einzigen gläschen
wodka

wobei er ein recht großes
glas benütze
zur verringerung der kontrolle

es aber höchstens
ein drittel fülle
meist etwas weniger

es werde leer
es werde voll
es werde leer

schon fürchte er nicht mehr
treffen mit irgendwem
und aus den händen

lästiges kribbeln
vollends
sei geschwunden

so habe er sich wieder überwunden

nach altem brauch

keiner schließlich
hat es gewollt

jeder schließlich
hat es getan

das hört sich an wie lüge
und ist es auch

a man of achievement

er bemühe sich
um nichts
müde
liege er herum
ohne einzuschlafen
und ohne es zu wollen
er habe ohnedies die ganze nacht geschlafen
und sei erst um neun aus dem bett mit dem wunsch
sich sofort wieder hinzulegen
habe sich aber rasiert und ein bad genommen
sich verdrossen bekleidet
sei dann zur post gegangen
wo er ein postfach habe
damit kein briefträger ihm zu nahe komme
und habe dort einiges vorgefunden
habe auf dem rückweg kein mineralwasser gekauft
um nicht ein geschäft betreten zu müssen
könne ja auch leitungswasser trinken
das nicht ärger verpestet sein werde als er

jetzt beginne es zu regnen und das geräusch sei nicht
                                    unangenehm
sich an die maschine zu setzen und zeilen zu schreiben
bedeute kein aufraffen sondern sei wie eine art
gewohnheitsmäßiges kratzen an einer stelle die nicht juckt
es regne jetzt so stark daß er die fenster schließe
damit das innenholz nicht noch mehr verrotte
und kaum habe er sie geschlossen scheine der regen vorbei
worauf er das neben ihm wieder öffne
um beim atmen weniger den staubgeruch zu spüren

statt »beschissener vormittag« könne er als titel
auch »trüber vormittag« setzen
beides sei zwar metaphorisch doch nicht zu sehr

solche nachdenklichkeiten würden ihn daran denken lassen
wie sehr ihm das denken verleidet sei
seit es ein passives ein sich herumwälzendes denken
                                              geworden sei
so wie er stundenlang auf dem bett sich herumwälze
wenn er dabei die augen schließe erblicke er dicht vor sich
ein massiges wogendes gewölk aus dem augen sich öffneten
ebenso mund- und scheidenähnliche körperspalten
auch nasen sich bildeten
die er zu erschreckenden gesichtern zusammenrücken könne
an denen er nach ähnlichkeit mit bekannten gesichtern suche
bis ihn trotz der eingenommenen tranquilizer intensive angst
                                              erfasse
und er die augen wieder öffne um doch eher
in die widerlichkeit des zimmers und seines ausblicks zu
                                              starren
oder stehe sogar auf um ein glas wasser zu trinken
eine tätigkeit die ihm nie völlig sinnlos erscheine
oder setze sich wie eben an die maschine um etwas wie eben
                                              zu schreiben
das man dann nehmen könne als das was es ist oder
wenn man es wolle und könne als das was es nicht ist

neben ihm liege aus der post dieses tages
ein brief von offensichtlich englischem format
innen datiert mit dem 20. juli '78 doch außen
mit dem poststempel cambridge 1. august seinem denk-
würdigen dreiundfünfzigsten geburtstag
(hie und da rauche er eine zigarette es würden
so vierzig bis fünfzig am tag sein
und hie und da denke er dabei an lungenkrebs
jedoch wesentlich weniger oft)
dieser brief verlange von ihm die ausfüllung wieder
eines fragebogens in der who's who manier und solle

spätestens am 4. september zurück sein was er
da dies jetzt der 12. august sei
vermutlich schaffen werde
obgleich es ihn irritiere
daß zwei kleine fotos neueren datums beizufügen seien
nach denen er erst werde suchen müssen

das nachschlagewerk um das es sich dabei handle
trage den sprechenden titel »men of achievement«
und werde im begleitschreiben erläutert als
»listing the achievements of over 5000 men
like yourself
throughout the world«

eben sei rauchend er nach draußen gegangen
um ein glas wasser zu trinken
und tue es sofort noch ein zweites mal
ohne daß ein zwingender durst ihn dazu treibe
eher verspüre er eine gewisse trockenheit im mund
vielleicht infolge des rauchens
des trinkens am vorabend
oder der tabletten

es sei jetzt eins und das mittagessen werde er streichen
um das haus nicht verlassen und ein restaurant nicht betreten
                                    zu müssen
oder es identisch dem frühstück als eine tasse kaffee
und eine scheibe knäckebrot mit magerquark zu sich nehmen
(sein gewicht sei um etwa 10 pfund zu hoch)

über langeweile könne er nicht klagen
trotz der ausgedehnten perioden des alleinseins nahezu
                                    täglich

aber pausenlos sehr heftig und oft bis zur grenze des
                                        jammerns
klage er sich seines ganzen bisherigen lebens an
planlos habe er sich einfach dahintreiben lassen
unentwegt schaden zufügend jener handvoll menschen
die in liebe ihm begegnet seien
(die anderen würden gewußt haben warum
sie um ihn einen bogen zu schlagen hätten)

(inzwischen
sei es kaffee mit knäckebrot geworden
das knäckebrot der einfachheit halber trocken)

an verbesserung sei nicht zu denken
an verschlimmerung hingegen ununterbrochen
übrigens sei er in seine art von leben so festgeklemmt
daß ein herausgelangen außer durch tod ausgeschlossen
                                        erscheine
doch auch der tod lasse hoffnung nicht zu
außer als vorstellung der auslöschung des bewußtseins
denn über seinen tod könne er hinausdenken und tue es
was als gegenwärtige peinigung vor sich gehe

erneut ein schluck
wasser habe ihm kühles gefühl in den mund gebracht
weshalb er es sofort wiederhole nebenher merkend
daß er an den handflächen ein wenig schwitze

sieben weltwunder

und das wievielte bin ich?
und das wievielte bist du?
und das wievielte ist die kuh?
und das wievielte ist der uhu?
und das wievielte ist das känguruh?
und das wievielte ist der marabu?
und wieviele bleiben übrig
wenn es den marabu und das känguruh und den uhu
    und die kuh und dich und mich
einmal nicht mehr gibt?

der horizont

für jean améry

der horizont ist nur ein strich
der rutscht immer tiefer herunter
er tut es langsam
darüber erscheint kein himmel

herumkugeln

einfach herumkugeln
ist auch etwas.
ein kleiner stein
der irgendwo liegt.
oder ein zerknüllter zettel;
du machst ihn auf
und es steht nichts drauf
außer vielleicht »7 schilling«.
diese rechnung war billig.

der tagesplan

gestern mache ich mir einen tagesplan für heute
heute stehe ich auf und schaue lange nicht darauf
es steht darauf was noch nicht getan ist
und noch heute soll das alles getan werden
und wer soll es sein der es tut
diese frage ist nicht gut
und die antwort darauf auch nicht

2. teil

heute steht schon in der früh
daß es abend werden will
morgen steht nicht in den sternen
sondern morgen steht schon heute
in der früh steht sehr viel schneuzen
und am abend steht sehr lange keinen schlaf haben

1

mir ist der weg zum ort verwehrt
wo mich die welt mir selbst beschert
das ist nicht deutlich ausgedrückt
ich kann auch sagen: nicht geglückt
ihr könnt auch sagen: ganz verrückt

2

ich klage gern au weh au weh
als ob auf meinem fuß wer steh
vielleicht steht auch wirklich wer drauf
denn ich lauf nicht mehr
ich geh nicht mehr
ein weg bleibt leer
ich sag nicht daß es meiner wär
doch schau ich immerzu hin und seh
ich bin nicht drauf
und ein anderer auch nicht

3

schöner abend

mein kind breit deine arme aus
dein vater kommt zu dir nach haus
die mutter steht schon hinter dir
dein vater hebt dich in die höh
die mutter liebt uns beide heiß
und angericht sind trank und speis

4

mein ganzes leben ist mir versaut
das verdanke ich meiner ewigen haut
(statt ewig könnte man auch lebenslänglich sagen)
(statt haut könnte man auch umgebung sagen)

also sage ich es:
mein ganzes leben ist mir versaut
das verdanke ich meiner lebenslänglichen umgebung
sie ist länglich wie mein leben
und sie gibt mich um

was mich daran stört
ist einzig das feminin
(doch es ergibt einen sinn)
(wenn man so sagen darf)

5

der schriftsteller
stirbt schneller
der musiker
stirbt vielleicht lustiger
der maler
stirbt vielleicht kahler
(siehe picasso)

6

manchmal hab ich eine solche wut
daß es für keinen gut ist bei mir zu sein
grad dann bin ich nicht gern allein
denn wie bring ich meine wut los

das versteht jeder
denn jeder hat schon einmal eine wut gehabt
und manche haben auch verstanden
daß einer mit seiner wut nicht gern allein ist

die sind dann rasch weggegangen
oder sie sind bei ihm geblieben
vielleicht weil sie ihn lieben
aber sicher um ihm zu helfen
(manche sind dabei draufgegangen)

7

bestimmt wird das was ich jetzt sag
nicht das letzte sein was sich sag
das denkt sich bestimmt fast ein jeder
wenn er das letzte sagt was er sagt
vielleicht werd ich morgen noch leben
denken sich sicher auch einige
bestimmt werd ich morgen noch leben
aber denken sich noch mehr
aber die meisten denken sich derlei
überhaupt nicht
die haben gut reden
die haben vielleicht auch gut denken
die haben vielleicht auch gut schlafen
die können auch stumm sein

8
mich schlagen

warum sollen menschen mich schlagen?
warum sollen menschen mich nicht schlagen?
nichts spricht dafür, nichts spricht dagegen.
nur ich bin dagegen, weil es mir wehtut.

9
ich eh nicht will daß du mir sagen
daß du mich liebhaben tust;
ich tu auch dir nicht sagen
daß ich dich liebhaben tu.
denn es sein jetzt
doch sehr verbunden mit schmerzen,
wenn wir jetzt uns sagen
daß wir sich liebhaben tun.

von ziegen

der fuß hat mich in dreck gestiegen
bin bis zun knien mit kacke voll
und darf nun dir aufs bett beiliegen
ohne zu waschen – einfach toll

das ist der sieg von großen lieben
worüber sich noch manches wort verlieren ließe
wenn es nicht immer lauter in mir hieße
wo bleibt denn die hygiene? sind wir ziegen?

von zählkunst

ging ich und zählte dieser kette glieder
daran der ziehgriff für abortes spülung hängt
wer hätte meine zählkunst derart abgelenkt
vom zählen aller häupter meiner lieben?

noch eins

noch eins, sag ich und schlich mich schon davon
was also, hab ich eins gesagt, bin dann geschlichen
oder hab ich, schon schleichend, eins gesagt
verbleichend nämlich, oder schon verblichen

der erfolg

der erfolg macht manchen groß
indem er ihn in die welt bringt
und ihm geld bringt
alle werden aufmerksam auf ihn
er geht hin und kauft sich alles
und am ende ist er hin

der regen

der regen hat keinen wie immer gearteten durst
er kann sich auch nicht gut selbst trinken
er kann nicht einmal an das trinken denken
weil er überhaupt nicht denken kann
das ist die allgemeine meinung
er ist eine viel beachtete erscheinung
die man am besten unter dach verbringt

der grazer

der grazer hat vermutlich
weniger farbe oder mehr
als der wiener
eine gute gesichtsfarbe
deutet auf ein wohlbefinden hin
eine gute stiefelfarbe
paßt zum selbstbewußten schritt

das kloster

wer nicht darinnen sein will
hat manchmal trotzdem eine bedeutende stellung
das kloster ist ein panzer
es macht das herz der welt
unverletzlich
außerhalb des klosters ist es auch
aber oft unverläßlich

das grüne glas

man kann im grünen glas
sehr schön schwimmen
wenn man klein genug ist
zum beispiel eine mücke

die krise

die krise ist ein riese
der in jedem zwerg platz hat
das ist für einen jeden sehr ärgerlich
wenn so ein riese in ihm sitzt
er denkt tagein tagaus
wie bring ich den riesen bloß hinaus
ja er denkt ununterbrochen
an seine krise
manchmal tut er es jahrelang

der krieg

der krieg ist hier und jetzt
ein verklungenes lied
wem noch die ohren davon sausen
der weiß wenigstens
daß er draußen war
der krieg ist inzwischen ganz weg
aber er blieb unverletzt

das bleiben

das bleiben kann ein sitzenbleiben
oder ein stehenbleiben sein
es kann auch ein liegenbleiben sein
ein zuhause bleiben oder ein draußen bleiben
es gibt so viele arten von bleiben
aber keine hält ewig
das ist manchmal gut
aber manchmal schade

die klage

die klage ist eine sage
und eine höre
oder sie ist eine schreie
oder eine weine
aber eine höre ist sie immer
nämlich wenn sie jemand hört

die bürste

die bürste fährt das leder blank
oder staubfrei hut und hose
oder sauber die zähne
es ist nicht immer die eine bürste
die das alles tut
sondern es sind meist verschiedene
die meisten bürsten sind auch gut

die wunde

die wunde wird geschlagen
oder gestochen
oder geschossen
von einer sekunde zur nächsten
und dauert dann oft lange
langsame wunden erzeugt der sadist
bis er damit zufrieden ist
an die heilung denken müssen andere
was aber auch nicht immer hilft
(für kleine wunden hansaplast
immer bereithalten!)

vom rauchen

wer soviel raucht
ist bald verbraucht
das weiß er und geht rasch
noch zigaretten kaufen
andere saufen
und viele tun beides
es liegt darin ein glück
ohne jemals ein zurück

der rettungsschwimmer

der rettungsschwimmer schläft im bett
und träumt vom mann der sich ertränkt
und dabei garnicht an den rettungsschwimmer denkt
sondern es möglichst rasch hinter sich bringen will
sie finden ihn oft tagelang nicht
manchmal überhaupt nicht

die toten

wir sind nun einmal gestorben
aber wir werden es kein zweites mal tun
sagen die toten
als ob sie um verzeihung bitten wollten
aber wen sollten die toten um verzeihung bitten
oder meinten sie damit
wir haben euch in die welt gesetzt
und euch dadurch arg verletzt
aber das wissen wir erst jetzt

der gedankenleser

wenn einer mich strenge anschaut
wie ein gedankenleser
sage ich gleich: ja ich habe es getan
aber wenn er meine gedanken wirklich lesen könnte
würde er dort ein großes NEIN lesen
für das mein mund viel zu klein ist
der ist grad noch groß genug
für das kleine ja

kindersprache

wenn ich jetzt spreche wie ein kind
weiß ich garnicht ob ich jemand finde
der sich das anhören möchte

denn ich spreche ja jetzt nicht als kind
weil ich dazu schon viel zu alt bin

aber vielleicht ist es auch ganz egal
ob sich jemand das anhören möchte
wenn es mir nur eine freude macht

und ich dann weniger griesgrämig bin
bei den anderen

der unlogische knabe

wie meine mutter mir gesagt hat
wie das mit den kindern ist
hab ich mir gedacht: wie schade
daß ich keine frau werde

ich hab mir nicht gedacht: wie schade
daß ich kein mädchen bin
denn ein mädchen sein wollte ich nie
obwohl es anders nicht gegangen wäre

man sieht daran der knabe
hat nicht logisch gedacht
aber was er dann als mann gemacht hat
ist eine ganz andere geschichte

blinder mann

von ein blinden mann
mein vater hat geredet
ich erinner seine worte nicht
und auch nicht was er erzählt hat
aber ich erinnere mich an die torte
wo jede einzelne kerze gestimmt hat
es war mein zehnter geburtstag
und es waren bestimmt zehn kerzen
die mein vater zuerst gezählt hat
aber ich weiß auch noch genau
wie er gesagt hat
»armer blinder mann«
und es wiederholt hat
»armer blinder mann,
armer blinder mann«

porzellan

die weiße katze schaut
aus dem weißen zylinderhut heraus
aber es ist alles nur porzellan
fast wie ein falscher zahn
aber es geht dieses stück
bis in meine frühe kindheit zurück
worauf es jetzt ganz mir gehört
und alles andre ist zerstört
aber daß man für ein mädchen
auch sagen könne »zahn«
hörte ich erst vor ein paar jahren
von ein paar ganz dummen jungen
studenten in salzburg vor einer lesung
in der »leselampe«
als schaute ein weißer dichter
aus der weißen leselampe heraus

die amsel

als mich die amsel fragte
wäre ein schöner beginn
für ein gedicht; aber nie
hat eine amsel mich gefragt.
sie kann es ja garnicht.
eher habe ich eine amsel
verjagt, aber nicht oft,
oder auf die amsel geschossen,
als mir noch ein luftgewehr
lieber war als eine amsel.
ob das je wirklich geschah,
weiß ich nicht mehr zu sagen.
auch nicht ob ich sie getroffen hätte,
wenn ich je auf sie geschossen hätte,
nämlich geschossen haben sollte.
arme amsel.

spätherbst

der gute winter langsam naht.
der schlechte ebenfalls.
die einen nehmen schon die schi
die andern kaufen aspirin.
die kinder einen schneemann zeichnen
und eine schneeballschlacht.
es wird von ihnen bald wirklich gemacht,
nämlich sobald der schnee kommt.

schweres wort

leben tu ich ununterbrochen; was dann kommt
ist vielleicht ein schweres wort, hase vielleicht.
auch in einem fort ist möglich:
leben tu ich in einem fort; was dann kommt
ist vielleicht ein schwerer hase. ja, jedes wort
kann ich dafür verwenden, ohne daß es verschwindet
oder gar verschwendet wäre.

der daumen

der daumen hat an der hand.
so ist es immer schon gewesen.
so wird es bleiben. das heißt
konservativ. mit dem daumen allein
hat er an der hand kein ganzes vergnügen.
nur ungefähr ein fünftel, vielleicht auch
weniger. vielleicht auch mehr. es ist eine
geschmackssache. darum stecken ihn die kinder
so gerne in den mund. daumenlutscher.

heiß

was ich nicht heiß,
ist nicht mein name.
was ich nicht kalt,
bleibe ich im bett.

der gebohrte kopf

daß der kopf gebohrt ist, weiß
bald nach der geburt
fast schon jeder.
daß er aber mir gehört (gehören soll)
kann ich nicht erfassen, außer
durch ihn. darum ist er ja gebohrt,
damit er nicht allein
sich selbst (ge)hört
wie die ungebohrte baumkrone.

der schnabel

der schnabel wird zum ziegelstein
was er nicht an jedem tag tut.
nur wenn ein haus gebaut werden soll
und ein ziegelstein dafür fehlt.
auch muß der edle spender
ihn entbehren können; meistens
ein entenschnabel.

das kupfer

das kupfer ist ganz aus metall
und fährt zu berg mit großem schwall.
es hat von sich nichts zu berichten,
aber es läßt über sich schreiben.
man kann also über kupfer schreiben,
wenn es nicht zu häufig geschieht.
sonst soll man lieber nach dem feuer sehen
und das kupfer kann wieder nach hause gehen.
so hat jedes ding sein schicksal.
auch das kupfer. auch der ring aus kupfer.
der kupferkessel.

der bernhardiner

für friederike mayröcker

der bernhardiner mit dem rüstzeug steigt
auf seinen schultern in die bergwelt
wo er den bergsteiger errettet
indem er ihm das silberfläschchen bietet
darin ist grappa.

der spaß

seltsam, daß mir aller spaß
schon beim ersten wort verfliegt.
beim zweiten kommt er wieder,
beim dritten verfliegt er mir wieder,
beim vierten kommt er wieder, usw.,
immer abwechselnd. das heißt hier:

seltsam aller spaß verfliegt
daß aller spaß kommt wieder
mir aller spaß verfliegt
aller aller spaß kommt wieder
spaß aller spaß verfliegt
schon aller spaß kommt wieder
beim aller spaß verfliegt
ersten aller spaß kommt wieder
wort aller spaß verfliegt
verfliegt aller spaß kommt wieder

(hier ist es gut ausgegangen
per zufall.)

das waisenhaus

das waisenhaus oder das weiße haus.
darin ist der weizen. darum heißt es auch
weizenhaus.

ein fehler

ein fehler ist jedem schon (paaiert) passiert
auch wenn er sich nicht geirrt hat.
der fehler ist nämlich kein irrtum,
sondern eine falsche. daraus
wird leicht eine flasche. daß sie zerbricht
ist ein fehler, kein irrtum.

rot

mit rotem kopf
kann man ein brot essen.
man wird es tun
wenn man einen hunger hat
und wenn man ein brot hat.
man bekommt es beim bäcker,
aber auch bei der milchfrau.
auch im supermarkt. die rote farbe
gehört mit dazu. bald.

das schloß

eduard reifferscheid zum 80. geburtstag

der rost hat ein zu kurzes o
für den trost, der für den rost
ein zu langes hat. aber nicht zu lang
für die rose. doch auch die hose
gehorcht diesem zusammenhang.
auch das roß,
das große schloß.

solschenizyn

der hat ja einen großen bart
aber auch sonst sehr männlich
nämlich ein mut, der seinesgleichen sucht.
man sollte daran sich erinnern

fraß

manche hatten sich verkrümmt
oder verkrümelt.
das ist ganz unterschiedlich.
aber gefressen
hat es von beiden.
und zwar nicht nur angeknabbert
wie kaninchen den krautkopf.
sondern ganz gewaltig.

die dummheit

die dummheit ist eine eigene art
von gescheitheit. sie ist
ein grad davon, eine temperatur.
wirklich dumm ist nur, wer glaubt
immer kann sommer sein, zum im freien baden,
oder immer kann winter sein, zum schifahren.

schwer

keiner soll sich schämen
weil er einen schweren fuß hat
der nicht mehr so lang wandern
gehen oder stehen kann

keiner soll sich schämen
weil er eine schwere hand hat
die nicht mehr so flott hämmern
schrauben oder schreiben kann

keiner soll sich schämen
weil er einen schweren verstand hat
etc.

der mensch

der mensch hat vieles von dem tier
aber doch nicht alles.
das kann aber vom tier
hinaufgewachsen sein.
schöner ist es aber schon
sich zu denken, daß es von oben kam.
dann muß man sich aber auch denken
daß vieles tief von unten kam
nämlich unterhalb des tieres.
dann hat man gott
aber man braucht auch den teufel.

das läuten

jetzt wird es bald läuten, was bedeutet
daß jemand hereinwill. ich weiß auch wer.
ich weiß auch warum. darum soll jetzt
noch rasch ein gedicht entstehen.
das müßte eigentlich heißen: das läuten –
es heißt aber: das bersten.

das bersten

das bersten soll zumeist
einen gewaltigen lärm hervorrufen.
ich habe es nicht oft gehört,
und vielleicht überhaupt noch nicht.
darum sollte ich darüber
vielleicht auch kein gedicht schreiben,
sondern lieber über das wohlbekannte
läuten.

die schiefe carmen

der turm, an dessen
spitze mir
feuer entgegen-
schlüge, wäre
auch nicht so

die verdauung

der hund beachtet die verdauung
nicht in gleichem maße wie der mensch.
ebensogut könnte man sagen:
der hund verachtet die verdauung
nicht in gleichem maße wie der mensch.
wer hat nun recht?
der hund oder der mensch?

die beute

und warst nicht du
gemeint, dann einer doch
und zwar: trotz der gefahr
die jeden menschen umgibt
man liebt, man lacht, man deutet
und ist dann doch
unausweichlich
die beute der natur

der esel

zugleich ein sessel, zugleich
ein himmelreich, zugleich
ein könig, und sei es auch
mit dornenkrone

der stab

es gab den stab
schon früher, der
an den felsen schlug und
wasser sprang heraus

es gibt
den stab noch immer
den felsen auch
und natürlich auch das wasser

ein stab
kann praktisch alles sein
es kann auch sein
daß er schon starb

der schnitter

es ist ein schnitter, der
schneidet brot und gibt
der frau ein stück
und jedem kind ein stück
und ein stück ißt er selber
und dann fragt er
wer hat noch hunger?
und schneidet dann weiter.
einem solchen schnitter
möchtest du wohl gern
einmal begegnen.
außer er sagt zu dir:
komm her, du brot.

nachwort 1978

1

das ganze buntpapier ist fort
seit kindertagen
man könnte aber sofort
welches besorgen – die ganze
papierhandlung ist voll davon.
gummiert oder ungummiert?
würde die papierfrau fragen.
die entscheidung fiele schwer.

2

wer abfall schreibt
wird bald angefüllte laden haben
wenn er jedes blatt aufhebt
weil etwas für die zukunft
daraufstehen könnte.
aber angefüllte laden haben
ist auch nicht schlecht
wenn es der preis ist
für festen glauben
an die zukunft.

3

der stein der hoffnung ist
auf den holzboden gefallen.
er hat ein loch geschlagen
und ist darin verschwunden.
das loch ist zugewachsen.
zurückgeblieben ist ein dunkler fleck.
der geht nicht mehr weg
aber er befindet sich
gleich bei der tür.

ernsti

der entscheider

das eine wollen
das andere tuen
ja sagen zu dem
was tuen man nicht will
sein auch ein willen haben
ein umgedraht(et)en
und vor beiden was man tut
wird man um verzeihung knien

rückkehr nach wien

ein früh ermüdet flüchen oder reis
flug mit der bahn, ziehen per city-jet
o weh, wie niesen ich jetzt muß, zurückgekehrt
in dies mein wien, du stadt, mein aus und schluß

zum glück

seh ich auch nichts, das ich gern sehen möchte,
so seh ich doch, zum glück, auf beiden augen
wie eh und je;
und hör ich nichts, das ich gern hören möchte,
so hör ich doch, zum glück, auf beiden ohren
wie eh und je;
und fühl ich nichts, das ich gern fühlen möchte,
so fühl ich doch, zum glück, an allen körperstellen
wie eh und je;
und denk ich nichts, das ich gern denken möchte,
so denk ich doch, zum glück, in meinem kopf
wie eh und je;
und steh ich nicht, wo ich gern stehen möchte,
so steh ich doch, zum glück, mit beiden beinen
wie eh und je;
und nehm ich nichts, das ich gern nehmen möchte,
so nehm ich doch, zum glück, mit beiden händen
wie eh und je;
und wenn, vor der vergeblichkeit von allem,
mich grauen packt, so bin ich doch, zum glück,
intakt wie eh und je.

kein widerspruch

das leben
wird länger
und länger
nämlich kürzer
und kürzer;
es zieht sich nicht

die seele

mit der einen hand
der knabe zeigt
nach oben
mit der anderen
auf den frischen
grabhügel
und lacht
wenn der großvater
da unten ist
wie soll er dann
da oben sein

ach ja die seele

keine enttäuschung, bloß eine berichtigung

weiß der teufel was
ich hätte spüren sollen
von der ersten hostie
auf nüchternen magen
auserwählt zur frühkommunion
von meiner mutter
die mir versprach
daß ich es spüren würde
wie jesus in mich komme
und mich dann fragte
ob ich es gespürt hätte
weiß der teufel was
ich darauf antwortete

okay

okay
wir vermissen dich
du gehst uns ab
sagen wir
zu uns
und ins leere
denn dir
hat keiner mehr
etwas zu sagen
und um zu meinen
du selbst
könntest dich vermissen
dir abgehen
müßten wir größere
dummköpfe sein
als wir sind
okay

glauben und gestehen

ich glaube
daß meinem toten großvater anton
und meiner toten großmutter marie
und meiner toten mutter luise
und meinem toten vater viktor
und meinen toten vettern herbert und hans
und meinen toten onkeln und tanten
und meinem toten freund dietrich
und allen toten die ich lebendig gekannt habe
ich niemals irgendwo wieder begegnen werde

und

ich gestehe
daß irgend einem von ihnen
wie sehr ich ihn auch geliebt haben mochte
jemals irgendwo wieder zu begegnen
ich nicht den leisesten wunsch hege

an gott

daß an gott geglaubt einstens er habe
fürwahr er das könne nicht sagen
es sei einfach gewesen gott da
und dann nicht mehr gewesen gott da
und dazwischen sei garnichts gewesen
jetzt aber er müßte sich plagen
wenn jetzt an gott glauben er wollte
garantieren für ihn könnte niemand
indes vielleicht eines tages
werde einfach gott wieder da sein
und garnichts gewesen dazwischen

der zusammenbruch

mehrmals in sein leben brach
vater zusammen auf der straß

er dacht gerne sich umringt
von ein schar von enkelkind

bei fünf kindern sah er vier
mit philipp sähe er schon fünf

er lag paar tag ohne bewußt
kam nicht zurück und sterben mußt

der sohn der ich von ihm noch bin
hat seinen und seinen tod im sinn

die brille

die brille kommt
in sein gesicht
oft schon dem kind

sieht es dann wie
sein vater aus
spürt es den stolz

fällt sie und bricht
den nachteil merkt
gar bald das kind

das freie aug
mit scharfer sicht
wär ihm jetzt lieb

die scharfe sicht
ohne behelf
kehrt nie zurück

der brief

der brief ist ein gebot, das bricht
nicht. aber einen roten kopf
kann man schon bekommen, besonders
bei der unterschrift. als sollte
kein anderes datum sein. aber der post-
stempel hält es oft fern, nämlich
ungern. also fahre er dahin
mit leichtem sinn, dein briefträger.

das bad

für leo navratil

das bad ist schon der reinheit willen
ein gern gesehener verrat. der unrat
wird durchwühlt, doch kaum
ist der haufen abgetan, zieht es
den unsäglichen ins kühle.
dort sind auch die kühe, wenn sie
dürsten. und von ferne dräut der draht.

schweif

sein kein klein schwein, sein feilt,
sein feilt. meist bei zwei greift
ein schrei schreibt schreit. weil
teilt ein zweig drei, beil schneit,
heißt freiheit, beißt. schein-bein.

der jäger

der jäger hält den flintenlauf,
aber nicht die hand davor. es sollte
schon mancher ihn bevorzugt haben,
im gabenkranz. nach viertel vier
steigt er den hang hernieder
in die dunkle schlucht. nein,
er läßt nichts unversucht, auch sein
hund nicht. der hat den feinen spürsinn,
doch der jäger hält den leichtsinn
fest in händen, auch den hirschfänger.

der schatten

der schatten schlägt sein dunkles schwert
zwischen mich und die welt als ein drittes
das ich ebensowenig begreife. ich schleppe
den schatten herum. er hängt an meinen
füßen, aber ohne geräusch, auch wenn an alles
er anstößt. die welt hingegen
macht einen grausamen lärm, und ich selbst
kann nicht still sein, ehe das dunkle schwert
durch die kehle mir fährt; dann wird es ohne
beispiel sein, schatten allein.

von papieren

tausende noch von papieren sollst zerschreiben du
kein glas zerbrechen an finken, den spiegel tönen
nach frost begehren und verzweigen du
an bündeln von zeitungen. der leben fuhre fürchtet
den narrenpaß, verzittert als eingemelkte zitronenschote
ein blaues diadem, dein kuß an frettchen, so raschelt
durchs laub des schriftenbaums dein gewürztes bett.
und schreist nach gedichten du, stumpffingrig kehlensturz
wo wird was war sich neu dir zeigen, im feuer nur
als kleiner kegelmann der mit lettern verbrennt.

von wörtern

erwarte
von wörtern nichts
sie tun es nicht
für dich
sie kommen
gierig
überschwemmen dich
und dein papier
nicht was sie dir
antun
doch was du dem geringsten
von ihnen
angetan
kann
etwas sein

in die dämmerung
6 gedichte am 20. 3. 79

vieles schon

vieles schon
betrachte ich
aus der sicht der anderen
(wer werden sie sein?)

vor den papierstößen
eines lebens
ungeordnet bis zuletzt

er hätte
eine klammer gebraucht
etwas
das ihn zusammenhält

oder er hätte sich
zerlegen sollen
schonungslos

dieses unheil

dieses unheil
richtet sich nur
gegen mich

sage ich mir
nach dem neuesten
versagen

und spüre
wie ruhe
sich in mir ausbreitet

ein motto

große flüge und
kleine schritte

ich fürchte nicht jene
und verachte nicht diese

ein jedes zu seiner
meiner zeit

die ihr ende
hat

begegnen

ich begegne menschen
die ich nicht gekannt habe

die meisten bleiben menschen
die ich nicht kenne

unsagbar

so voll
gefüllt
von nicht
sagbarem
un-
sagbarem

simplen wörtern wie
angst
kindergeschrei
ein poltern
düsterkeit

wörtern für meine
welt

daß ich sie hinstelle
in gedichten

daß ich sie hineinbelle
in die stille

in die dämmerung

ich will nicht aufhören
in die dämmerung hinein
zu schreiben

zeilen die zerfallen
und zeilen die hängenbleiben
eine kleine weile

an einzelnen blättern
in einzelnen büchern
in einzelnen gedächtnissen

so hätte ich mich
gern wiedererlebt
nach den kommenden finsternissen

der kleinste kummer

der kleinste kummer wird ganz groß
füllt meinen körper völlig aus
vom kopf bis in die füße
die heißen hände hacken
aus schreibmaschine zeil um zeil
auch diese hier und andre noch
die sämtlich angst berichten
der streit und zwiespalt liegt in mir
und läßt sich drum nicht schlichten
man risse denn den kerl entzwei
der sich an meinen namen hängt
und diesen namen auswärts drängt
zu streunenden gedichten

mit jedem schritt

mit jedem schritt ich stürze
von tölpelheit zu tölpelheit
tät heut noch mutter brauchen
die mich mit warmer großer hand
bewahrt vor jedem straucheln
ach könnt ich doch
dran glauben noch
was sie so fest
mir eingeritzt
wir würden uns begegnen
und gegenseitig segnen

die marke

am türpfosten
ich aufrecht stand
das dreieck in des vaters hand
auf meinen kopf gestellt
sein bleistift zog die marke dann
aufs weiß der tür: schaut her
er ist gewachsen

vorsorglich

ein bildchen noch
aus früher zeit
zerreiß es zerreiß es
eh einer kommt und sagt
seht hier, so war er
bevor mit füßen wir
ihn treten mußten

der frühling

der frühling, sagt sie
ist deine gute zeit
und muß es aus den vielen
jahren wissen
aber die sonne hat sich
inzwischen verändert
auch der fliederstrauch
auch der kastanienbaum

weißes blatt

weißes blatt
ich bedecke dich
mit zeichen

wenn du spüren könntest
würdest du es spüren
wenn ich dich zerreiße

wenn du wissen könntest
würdest du es wissen
wenn ich dich nicht zerreiße

wenn du denken könntest
wüßtest du den grund

falsch

hier tut kein weg sein
und ich tu ihn auch nicht suchen
ich tu was ich tu was ich tun müssen tu
immer sein da die die sagen
das du müssen tun und das du müssen tun
und ich sein das was da ja sagen tut
ja ich immer tu ja sagen
und dann ich mir sagen daß falsch
war das jasagen
ja
ganz falsch

abendglanz

kommen wieder schon weg deren tagen
sein schon wieder der sonnen verschwunden
sein aber noch ein abglanz ein abendglanz
daß ich immer noch sehen ohne den elektrischen lichten
sehen was?
sehen was sehen ich nicht magen tu
aber immer noch mehr gut als schauen in spiegeln
wo den fratzen ich sehen den anspucken ich tu

ein noten

das jagen sein ein bitter brot
für feld- und waldwild alle
allein auch menschen sein in not
hochmut kommt vor dem falle

laß hungers sterben inderkind
dich sitzen breit auf gasthausbank
dein umdrehn gehn nicht so geschwind
wie hammer auf dein kopf zum dank

hier kommen ein sozialen not
ein noten rein in das gedicht
inderkind sein inzwischen tot
noch steigen gasthausmanns gewicht

termin

welt das noch will mein eigen sein
solltet wohl tun was was mich freun
sonst es mich renn in abgrund rein
zu einen vorzeitigen terminen
was ja nichts machen

abendlied

ich mich anklammern
an diesen gedichten
den selber ich schreibenen
den vielleicht helfen könn
den vielleicht sagenen
hier sein dein ruh

früh und müd

hier ich haben einen titeln
ich noch nicht haben einen gedichten
hier ich denken könn
an langen liegens zeiten
das da sein an den morgen
mit ein todwachen hirnen
in ein todmüden körperen
ich aber können denken auch
an ein todjungen menschen
der sagen sich: ich haben
den leben gesehn. dankeschön

zypressen

immer mehr sein es mich pressen
in einen dunkelen gang
dort geben erden mir fressen
es könn sein nicht mehr lang
ich nicht machen den anfang
ich auch nicht machen den schluß
fast ein jeder sein anders es wollen
sein doch das für jeden sein muß

an f. m.

wartend
ich sein
zeigen dir wollend
von den heutigen tag
das ausgebeute
was geschrieben haben ich möge
daß ihm geben du dein säge

warteraum

kommt sie
sie kommt
sie kommt bald
sie kommt pünktlich
sie kommt bald
kein zeitpunkt
eine zeitspanne
ist vereinbart
als warteraum
zum auf- und abgehen
bis sie kommt

schwung

wenn fünf
gedichte
pro tag
schreiben
ich will
müßte
ich schon
einen ziemlichen
schwung haben

manchmal
sieht es
danach aus

manchmal
sehen
die gedichte
danach aus

tabak

tabak
ja
tabak
viel
tabak
guter
schöner
tabak
ja
tabak

zigaretten, ein modegedicht

eine
meist
manchmal
zwei
gleichzeitig
das kommen
so
anzünden
einen
rauchen
ein wenig
dann ablegen
auf aschenbecher
tätig sein
(was tun)

dann rauchen
wollen
anzünden
einen
rauchen
ein wenig
dann ablegen
wollen
auf aschenbecher
finden dort
einen
noch brennen
nun beide
abwechselnd
rauchen
oder beide
gleichzeitig
(gleichzeitig
seien
apart)

kleine auswahl

orangen und
bananen und
äpfel und
birnen und
zitronen und
pampelmusen
und

realistisches gedicht

was will
der herr
ich hätte
gern
orangen
wieviel
der herr
nun ja
vielleicht
ein kilo
was wollen
der herr
sonst noch
vielleicht
ein paar
bananen

die schote

die schote
wird
an gedanken
wenig
entzünden
und doch
ist die schote
da
und läßt sich
ins gedicht
einsetzen
als ein muster
von erfülltheit
und geduld

der guß

der guß
ist mir
von glocken
und plastiken
hörend
bekannt
aber spürend
von regen

eine spannung

jetzt
werden unruhig
die vögel
und ich
bin ruhig

das ergibt
eine spannung
etwas quälend
und ich werde
unruhig

begebenheit

fünf
jahrzehnte
gelebt
und nichts
zu berichten

sich verkriechen
bei tisch
wenn ein junger
erzählt
und erzählt

motiv

der plötzliche
griff
nach dem puls
mitzählen
bis fünfzehn
dann die hände
trennen

ruhig

unablässig
am sterben
mit jedem atemzug
jeder regung
und ohne hast

das lamm erkennt

das lamm erkennt, sobald es kam.
obwohl es anders nicht wird, bleibt es
verborgen. sein biegsam ohr
benützt den dünn gestreiften speisehammer,
um sich der regelung zu entziehen.
alsbald verfährt es jung, doch nicht
zu prüfen. von seinen hufen werdet ihr
geweckt. wenn das glas erst zersplittert.
die frage der gewellten zukunft bleibt
auch für das lamm zumeist versteckt.

das lamm

das lamm erfährt
ja wohl das lamm erfährt

das lamm verzehrt
ja wohl das lamm verzehrt

das lamm vermehrt
ja wohl das lamm vermehrt

das lamm ernährt
ja wohl das lamm ernährt

wer hat noch nie
des lammes düsterkeit bemerkt

lamm gottes

da hätt denn christus wohl den faust
hinhauen tan auf schweren tischen
hätt ihn wer machen wollen lamm
scher dich hinweg, geschrien er hätt
du schafkopf, fick dein lamm wenn sich
vor dir nicht auftut irgend weib
du ganz beschissen
allround impotenzen.
desgleichen er gesprochen hat von fischen.

das lamm (nach islammischem recht)

der die das lamm
geschlagen hat
gib fünfzig schlag

der die das lamm
gescheret hat
reiß aus die haar

der die das lamm
verstümmelt hat
schneid ab ein arm ein bein

der die das lamm
geschlachtet hat
wirf drauf die stein bis tot

der die das lamm
verzehret hat
nimm ab das fleisch für hirtenhund

6. april 79, an zwei zeilen von chaucer sich klammernd

»wenn der april mit seinen süßen schauern
durch märzens trockenheit bis zu den wurzeln stößt«

was hat dich du schöner tag
sechsten april einen freitag
alles schöne gebracht?
gewiß den heftigen regen

zu mittag kein begegnen
wenn auch der ort voll leuten
zu keinem hatte ich den mut
zu sagen komm wir reden

spät nachmittag bei stehkaffee
ein mann sprach meinen namen aus
vor siebzehn jahren habe er
englisch bei mir gelernt

da wurde sein gesicht
dem knaben ähnlich der er war
damals als ich sein lehrer war
ich fragte ihn was seither war

den morgen ich vergesse fast
liegt schon am weitesten zurück
ich mußte in die schule gehn
zu unterschreiben aktenstück

ich war dort lehrer viele jahr
gewiß ich wollte nicht zurück
doch daß dort leben war war klar
ich sah der lehrer stilles glück

ja dachte ich euch geht es gut
mir brechen meine tage ab
wie trockenes gezweig, mein weg
bis zu den wurzeln ist nicht weit

sei es auch zwanzig dreißig jahr
sind alle bloß der eine punkt
verloren perspektive ist
die jede zeit als strecke mißt

ich weiß daß ich nicht einzig bin
der keine perspektive hat
schwestern und brüder grüße ich
die düster sind in gleichem sinn

von einen rauchen

wenn zigarett um zigarett
ich in mein mund so stecken hätt
das hab ich das hab ich
das habicht sein ein vogel von
sehr scharfen augen ahnengeblich
so haben auch mein großpapa
nur noch einen rauchen haben
so er sein ausklingen
sein alten alten leben
was nicht ich würden geben
könnten nochmal ich beginn
doch für diesen wünschen bin
ich viel zu schon hin

von strafen

des strafen sein nur ein
und dieser sein
lebend sein
wenn der erst von mir genomm
was dann in ofen oder erden komm
sein von diesen strafen nur der balg
das darf sein hoffen darf sein bald

ohne fremde hilfe

manchmal ich spüren
einen sollten kommen
und mir was schreiben
auf den leeren blatt
weil ich nicht selber es können
aber es kommen keinen
der das an meiner statt
tun tät
das du schon selber machen müssen
sagen in mir ein stimmen
und ich fallen auf bett hin
oder ich sitzen vor schreibmaschin
und lassen meinen fingern
bißchen klappern

ein gedanken

es mich frösteln
und meinen händen zittern
und in mein ohren klingen
und in mein kopf gehn rund
ein einzigen gedanken
den ich nicht können sagen
auch nicht schreiben
und er sein da
und sein mein feind

zerfetzen

jedes papier
du zerreißen kannst
also schmier einfach
irgend etwas drauf
dies zerfetzt mir aber
die stunden und die tage
die nie mehr wiederkommen
so hab ich viel von mir
mir schon genommen

vater kommt
mutter geht
kind schreit
vater mit ein scheit
kinds kopf schlägt
mutter kommt
vater geht
kind bleibt stumm
mutter es rüttelt
kind bleibt stumm
mutter wäscht
blut von kinds kopf
arzt dann ruft
arzt kommt
mutter fleht
seht!
arzt sieht
arzt rüttelt
arzt fühlt
arzt sagt
kind tot
mutter sagt
großer gott
vater kommt
arzt geht
mutter schreit
vater mit ein scheit
mutters kopf schlägt
vater geht
mutter sich schleppt
zu kinds bett
bist doch mein allerliebstes
bist doch mein allerliebstes

die hummel

immer wieder er so
dasitze an der
schreibmaschine und
sein wille sei
ohne gedankenkraft
was auch habe der
wille schon mit
der kraft des denkens
zu tun; auch hunde
wollen, auch die hummel
will, die heut
ein frühlingsbote
zu ihm ins zimmer kam
und er versuchte ihr
zu zeigen den weg hinaus
vergeblich, bis sie
selber ihn fand

die petroleumlampe

auch dies ein spiel, es immer
dunkler werden sehen und
weiterzuschreiben, eingedenk
der ermahnungen der mutter
die augen nicht
bei schlechtem licht
überzustrapazieren.
wir saßen oft
um den tisch mit petroleumlampe
die damals, in den
dreißiger jahren
billiger kam als strom.
es tat jeder sein eigenes
und fühlte die anderen nah.
was mußte so früh
ihr alles licht
genommen werden für immer.

mit voll-akkorden

dies sei mit voll-akkorden ausgestattet ein gedicht
eine art porridge (haferbrei trifft nicht
das wesen dieser britischen frühstücks-delikatesse)
ein dick und dicht leicht gräulich doch durch milch
und zucker geweißigtes magen-vollgefühl, ein wohl-
gefühl von wärme an spießigen frühlings- und sommer-
morgen, ihre jahreszeit hassend. so also gehe ich,
pistole in hüfttasche, schleichenden schritts durchs
nebulose london und bemerke – oh shit – daß in der
herberge zu scheißen ich vergessen habe. was nun?

der kleine amerikaner

ein haufen schlaufen
was fang ich damit an
so geht es mein lebenlang
oder ein zahn fängt an
das ist nicht viel besser
oder ich komm an eine frau ran
nein ich bin kein prahlhans
das sind amerikanische
glauben sie mir
probleme

erinnerung

sich fragend nach
frühester erinnerung
etwa nach art
von psychotherapie

sieht er sich kleinen
jungen mehrfach
in der erinnerung
an vaters fotografien

die zwei

daß diese zwei
beide längst ungetan
den wegwerfkörper
ihm gegeben haben
den er schon mehr
als fünfzig jahre
wälze durch diese
nicht von ihm
gewollte welt
wen wirklich
klage er dafür an
die zwei doch nicht
die ihm das angetan
denn deren frage ging
nach lebens glück
als antwort blieb
von ihnen ungewollt
sein mißgeschick zurück.

der 13. april
ist allzu lang vorbei
da schrieb ich das gedicht
»die zwei« und seither nichts

die zwei sind meine eltern
so tote sind ein stoff
von dem ich mir noch manches
tröstende wort erhoffe

am gleichen tag im mai
erblickte ich das blatt
und fand den letzten tag
der mich betätigt hatte

das chaos und der dreck
sind seither in mir drin
ich stoße sie zurück
indem ich schreibend bin

der spaziergang

bin auch heut
spazieren gang
was nimmer ich tu
ganz land

ganz land auf und ab
ein ganz kurz stück
bin sitzen dann auf band
gang dann zurück

fehlersein tun gut
vor mensch das fesseln tut
fehlersein was spricht
sein fehler fehler niemals in gedicht

denn was sein ein hirnen
sein nicht ein künsten
und was sein ein kunst
sein oft auch gangen angebrunzt

dies wort ich nicht haben von rühm nein nein
dies wort ich haben von wien mein mein
von eltern ich lernen haben wi wi
pro bable ein ab-art von pi pi

nimmer ich sagen haben lu lu
aber sagen haben für schas ein pu
jetzt sagen brunzen oder pissen
schas lassen und spazieren müssen

soll nämlich aufhalten den tränen grün der baum
sein dies ein leben sein es kaum
so haben mich geführen heut in belvederen
was mich an ohrwaschel sonst täten grabwärts zerren

von bank in belvedere

steht da in gras ein amsel
da nähern sich das amselbock
von sankt elisabeth das clock
irgendwann machen gong gong

dies rühren nicht das amselpaar
besser zu sagen das amselzwei
denn zwischen ihnen das distanz
schon überwunden noch nicht sei

sie zweifellos ihn merken
und das amselbock ebenso sie
und er ein paar schritten jetzt machen
und sehr gespannt sein das sein sie

dann er machen den fortflug hops
haben gesehen von das amsel genug
und ich zu amselbock sagen brav mann
du haben wie ich es hätten getan

denn ein nähern sein ein sich ängsten
doch ein fliehen ein sich ermutigen sei
so ich hassen den längsten lebensteil mein
und den blutigen sonnenschein ich fliehen

der leichenzug

wir gehen sehr
hinter dem sarge mehr
da dies ein begräbnis sehr
eine leiche mehr oder weniger
mit aufgetürmten kränzen sehr
und ein betpfarrer mehr oder weniger
und unser aller leben sehr
und einen toten mehr
und einen lebenden sehr weniger

am gras hin

am gras geht hin
ein klein-groß hirn
womit ich nicht in fühlung bin
macht spaß
auch der schuß löst sich vom jäger
die kleinen zürnen den großen
die großen zürnen den riesen
die riesen zürnen dem firmament
das flinke wiesel rennt
am gras hin zornlos

choral

so oft nach nasen ich greife: es sind
meine nase allein – o haupt
voll blut ohne wunden; darin
läuft das blut noch geordnet in bahnen
und fest verbunden durch das haupt
sind die ich habe vom frosch auch
die erbwunden mund aug ohr nase
daß nicht sickert das blut durch
den verband der nie wechselt
nur atmen und wörter
lärmendes und farbiges frommen
bis herunter gerissen er wird
einmal für immer

choral

an meiner nase greife ich herum
blut tropft aus ihr fast nie
(einst aber unstillbar
bis im spital ich lag
mit einem bellocq)

ohne blutaustritt
verharrt mein augenpaar
mein ohrenpaar;
aus meinem mund
nie stößt ein blutstrahl

o haupt voll blut
und wunden

die stelle

dahin setze ich mich
um ein gedicht zu machen
da sitze ich
um ein gedicht zu machen
da bin ich gesessen
um ein gedicht zu machen
da ist es entstanden
da ist es mißlungen

nichts und etwas

nichts im kopf
setze ich mich
an die maschine
spanne ein blatt ein
mit nichts darauf

mit etwas darauf
ziehe das blatt ich
aus der maschine
und lese als text
etwas aus meinem kopf

brille

alles in meinem kopf
ist oft nichts
außer ein flimmern
es fehlt der fokus

sich auf eine einzige
stelle zu konzentrieren
fehlt nicht der wille
sondern eine art brille

13. juni 79, ein bruchstück

der heutige tag
einer wie die meisten
kann wie jeder
nicht ohne alles gewesen sein

hier an der maschine
siebzehn uhr fünfundzwanzig
liegen vier
zerknüllte papiertaschentücher

ich benütze ein fünftes
ja doch, das haar
ließ ich mir schneiden
heute um drei

der orthopäde dann
jetzt ist das sechste dran
versuchte die schlechtere rechte
schuheinlage zu verbessern

es gab auch mädchen
in der straßenbahn
wahrscheinlich denkend
wovon ich nichts weiß

wir könnten reden
dachte ich, alle mit allen
wir würden bloß schnattern
denke ich jetzt

und da hing doch noch
ein ganzer morgen dran
freilich, flugtickets nach berlin
die reise übermorgen

mann

wenn du nicht zu viel
von ihm verlangst
den du da
in der hose trägst
wird dir vielleicht dein leben
garnicht so kümmerlich erscheinen
du wolltest ja wieder
der werden der
vor jeder briefmarkenhandlung
die zeit vergessen konnte
und die mutter mit dem mittagessen
aber vielleicht ist die
notwendig dafür
und sie ist dir ersatzlos
verloren gegangen

beschreibung eines gedichtes

bei geschlossenen lippen
ohne bewegung in mund und kehle
jedes einatmen und ausatmen
mit dem satz begleiten
langsam und ohne stimme gedacht
ich liebe dich
so daß jedes einziehen der luft durch die nase
sich deckt mit diesem satz
jedes ausstoßen der luft durch die nase
und das ruhige sich heben
und senken der brust

er war maler

der sarg ist nicht gut
ja ich wollte einen einfachen
holzsarg, aber nicht
den billigsten
auch nicht ein handkreuz
aus plastik
zwischen den fingern
die edlen pinsel schön geführt
redet
in mir mein vater
ich bin sein grab
er exhumiert sich

das schwein

erst sagen wollte ich: geliebtes tier
bei zweitem denken sage ich: beliebtes tier
das schwein ist ein beliebtes tier
lieblich wenn klein
wenn älter mürrisch
jederzeit gut zu essen
der große bogen um den stier
wird um das schwein meist nicht geschlagen
ich bin bewegt von seinem schönen rüssel

unverlangt

niemals
frage ich einen
haben sie kinder
es entfährt ihnen
unverlangt

flugzeug

ich denke flugzeug und
das flugzeug ist ein gedanke
flugzeug denke ich wiederholt
und muß an nichts anderes denken
es ist ein guter gedanke: flugzeug
nämlich kein zu verscheuchender
kein zu verscheuchender für mich
für einen anderen freilich
kann gerade flugzeug
ein zu verscheuchender gedanke sein
er denkt vielleicht *lampion*

lampion

lampion ist für mich
etwas rundes papierenes
auseinanderzuziehendes
mit einer zickzacklinie als rand
und einer ganz kurzen
niedergebrannten
kerze darin
(der schwarze docht)

lampion ist für mich
etwas aufbewahrtes
einem kind (mir) gezeigtes
von ihr (seiner mutter)
eine erinnerung (ihre; meine)
an etwas bei dem ich nicht
anwesend oder vorhanden war
und das schaukelnd
hell zwischen dunklen bäumen hing

30. juni 1979

diesen tag
begehen
wie einen grund
oder wie ein fest
ohne grund zu einem fest
ohne festen grund

der bruch

der bruch war meinem bruder
ein langer fluch
als er klein war
und das bruchband er ertrug
aber plötzlich war es gut
ohne operieren
jahrzehnte später kam ein bruch
zwischen ihm und einem nächsten
menschen (der inzwischen
schon gestorben ist)
er ist jetzt groß
aber dieser bruch
hält sich weiter
ein langer fluch

der morgen

der tag beginnt
das ei zerrinnt
der morgen sind
wir, nicht ich
als hätte ich
schon kein gewicht
oder ein entsetzlich
schweres

der nagel

festnageln ich will
diesen da tag, jeden da
jeden da tag da fest
nageln ich will daß nicht
mehr er entkomme mir daß nicht
mir er entkomme mehr daß nicht
einer entkomme mir mehr nicht ein
einziger mehr mir entkomme wie
vorher als so viele ich nicht
festgenagelt habe mit gedicht

das schaudern

für friederike mayröcker

nicht hoch will schaudern sondern
sehr tief ich, fest
mit der nagelzange die zehennägel dazu
bücken muß der hohe körper des
menschen des gut gewachsenen sich
krümmen als hätten
gegen rachitis nichts unternommen zu seiner zeit
die sehr besorgten die eltern des
damals noch kindes

das kalb

für ernst herbeck

das kalb ist halt, auch bald
um zu schlachten es werden
damit das kalbfleisch haben
aber oft gesehen worden ist
das kalb als gar freundlich
wo von der wiese frißt es
neben der kuh die ist gewesen
ein kalb auch einmal, aber nicht
geschlachtet bisher sondern milch
wegen der milch nämlich
leben gelassen.
(das kalb ist auch halb
in der größe)

die ordnung

die ordnung ist ein reiches blatt
(auch reif ist tunlich: ein reifes blatt)
daran gewöhnen wird der soldat: eine schieß-ordnung
auch der prälat, die christliche ordnung
auch der hofrat, eine bleistift-spitz-ordnung
(made in austria)
die haare stehen in ordnung
wenn kurz geschnitten sie sind
(kann verwirren sie auch der wind nicht)

hampelmann

der hampelmann bedingt
ist von der schnur.
ebenso der amtmann
der amtsvorstand, der amtsrat.
mit den armen und den beinen
zeichnet jeder seinen kreis
daraus es kein entkommen gibt.
wer weiß, sagen die vertrottelten.

denken-kloß

daß *struppi* mir einfallen tun
sein ein gedanken-groß, ein denken-kloß
fürren warren!
denn stecken es tun mir in halsen das schön
schönsten von schön ein des hundsnam
was sein voll der güten zärtigsten wenn
es auf ein menschen benutzet von ein
dem nie nun wieder werden ein wort
kein hauchen je über sein lippen

morgenstund

das sein ein reisen nein
sein ein fühlen wie knapp
vor reisen es sein. ein so zerriges
nervenbund.
morgenstund es haben rund
gestreut in zimmern allen teilen
davon kein trennen sein je
wollen leben ein mensch.
und es finden
da ein arm und dort einen bein
und der ab-
gerissenen finger.
und auch sein augen,
zu schlucken mit lochen in kopfen.
an das spiegel hernach.
dort sein ein sichten.

dickes buch

jeden augenblick
kann ich mich hinhauen
mir mal das blut
in meinen augendeckeln anschauen
die schwarzrote färbung
mittlerweile geschieht
ein kleines kapitel meines fleißes
so entsteht ein dickes buch

mahlzeit

haben stecken in das mund
das nudelrund auf gabel
haben zumachen das mund
haben rausziehen aus mund
ohne nudelrund das gabel
sein drinbleiben in mund
ohne gabel das nudelrund
haben schlucken das nudelrund
sein das nudelrund gehen in magen
so machen haben oft
essen haben pasta asciutta

der fisch

der holde fisch, den ich
in mein triefendes maul stopfe, sein flinkes
wasserspiel hat den angler so aufgereizt
daß er die angel ihm in sein argloses maul rannte
und ihn hoch in die luft riß, den in todesnot zappelnden
ihn zu boden schmiß und mit einem steinhieb ihm
die stirn zerschlug. die besudelte köchin
schlitzte den silberbauch des getöteten, riß
seine eingeweide heraus und schmiß
ihn ins siedende fett in der pfanne; spuckte
während er briet, auf den schmierigen teller
wischte ihn an der blutigen schürze und schmiß
den endlich freßreifen fischkadaver darauf,
gab der kellnerin als signal einen tritt in den arsch
die den teller nun packte und dem lechzenden vielfraß
mir, dem geheiligten gast, vors triefende maul
auf die tischplatte donnerte. komm!
rief mit ausgebreiteten armen ich, herr jesus!
sei unser gast und segne was du
uns bescheret hast, wie die vermoderte
mutter es mich todgeweihten gelehrt hatte.

der ausweis

den meisten steht es
ins gesicht geschrieben
ich lese GLÜCK GLÜCK GLÜCK GLÜCK
ich denke mein dünnschiß
aufgefangen und ins gesicht gerieben
könnte mich ebenso deutlich ausweisen

rosenverkäuferin

die beiden töchter?
ja sag ich statt nein
die wahrheit mag
in den sechs rosen liegen
hier auf dem tisch;
sie haben schöne töchter
ja sag ich. der wein
ist ihr zu kalt, sie hält
die hand ums glas: hab immer
warme hände.

wärme

mir ist so kalt
ich weiß sie friert so leicht
mir ist ganz warm
verdammt so frier doch nicht
ich bin ihr glück
seit 25 jahren
sie tief geschwärzt
ich kurz geschoren

lebenszeichen

ja geht
nur über meinem kopf, daß in
meinem kopf ich euch
trampeln höre, ein
lebenszeichen: hurra! ich
lebe ja noch

mir schwebt
nichts vor
doch ist
um mich
ein flattern

schleim

zwang sein nach zehn
an heutigen morgen sonnenschein
sonntag 15 juli sieben neun
machen einmal knacksen ein
das telefon und werden gleich es läuten
und daß du das werden sein
von puchen bergen an den schnee-en bergen
wo dein mutter du trösten sein
du gut-gutes tochter du
aber nicht vergessen mich
wissen zwanzig nach zehn sicherlich
du nicht mehr werden wecken mich
sondern ich schon aufsein
aber kommen läuten kein
also sitzen da bleiben ich schleim
alles gleich aufschreiben
ausführlich sein

die engel

kaum war dein stimm verklungen
begann ich mit dem schweren wein
der hüllet mich ein
und fällt mir ein paar worte ein
zwischen dem wimmern und dem schreien
die will ich festhalten
bis zum wortlosen singen der alten
zu denen ich gehöre
solang ich sie nicht störe
durch empörendes verhalten
und den schönen alten mann
an den ich nicht herankann
halten aufrecht die starken engel

das gegenwärtige lamm

freilich sind mir verhüllt
der zukunft verdammnis
aber das gegenwärtige lamm
ist tollwütig geworden
und beißt um sich herum
und erwischt mich
mit seinen schönen gelben zähnen
an der rechten flanke
und treten auch kann es
mit den lieblichen hufen
die umwickelt sind von kot
da hat mein schädel seine liebe not

redenbogen

durch mein hirn gezogen
darin festgespannt
sein ein redenbogen
so ein draht
der in sich hat das reden
das alles einst gewesen ist
seit ich ward ein hörendes kind
und was alles dann kam
besonders deine liebe stimme
von anfang an
und meine häßlichen worte
mit denen ich zerstöret habe
gar manches schöne sanfte netz
gesponnen nicht mich zu fangen
sondern mich aufzufangen
daß ich mich nicht verletze
so wie jetzt

strenge übung

hinrotzen sich auf die couch und drehn zur befleckten wand
von den dreckigen fenstern weg dorthin wo das spuck
                     und spei
kleingefressener nächte auf der tapete prangt, und lautlos
                         sich
vorsagen den satz: mir ist so leicht, mir ist so leicht
dann ihn mischen mit dem satz: ich bin ganz frei
mir ist so leicht, ich bin ganz frei, mir ist so leicht
aufspringen dann, denn des tages blutiges ende ist
noch nicht erreicht, noch nicht das halbe dunkel wenn
der verkrochene schwanz sich zwischen die finger klemmt
zu halber größe wächst und der verdammte schleim
nach strenger übung zögernd endlich fließt

klebend

ich klebe an gott dem allmächtigen vater
schöpfer himmels und aller verderbnis
und an seinem in diese scheiße hineingeborenen sohn
der zu sein ich selber mich wähne um mich schlagend
um mein maul aus diesem meer von kot in die luft zu halten
und immer noch atem zu kriegen warum nur
weil ich ein von maßloser feigheit gesteuertes schwein bin
unfähig willentlich unterzutauchen ins unausweichliche

wenn diese birnen

wenn diese birnen
die zu kaufen ohnehin
er entschieden habe
sie ihm durch anpreisung ihrer köstlichen
verspeisbarkeit vor dem fernseher
noch attraktiver zu machen gedenke
müsse er sie erinnern
daß seine essensweise
durch instantaneous digestion bestimmt sei
eine art sofortigen verdauens
was ihn dazu verhalte
auch diese birnen
ohne daß er dort
einen fernseher zu installieren gedenke
auf dem scheißhaus zu fressen

buch und nase

es sei ein buch, und wieder
sei ein buch, und noch, und noch eins
und noch viele; er nehme eins
und blättere darin, und nehme noch
und noch eins, blättere
und finde nichts, nicht das geringste
für ihn.
nichts für ihn jetzt, bis er erinnere
die nase dietrichs, seinen blonden kopf
die langen schmalen finger, die das buch
irgendein buch, geöffnet bis zum bersten
an diese nase hoben, und er tief
den duft des buches einsog.
dietrich war eher, als der krieg aus, tot.

gefallen

er sei gefallen, nun
er sei gefallen – er auch
schon oft, gefallen hin
aufs knie, und aufgeschlagen habe
er sein knie, mit jod
die mutter dann behandelt
habe es. doch klinge
er sei gefallen, hier
so schwer, als müsse mehr
geschehn sein als ein bluten
am knie, ein brennen, ein verkrusten
schließlich ein rosa
dort wo die kruste
abgefallen ist.

was ein gedicht ist

ich sag das ist ein gedicht
und gefällt es dir auch nicht
ist gefallen ja nicht pflicht
auch mir selbst gefällt es nicht
aber schreiben ist mir pflicht
deshalb schrieb ich das gedicht
sagte gleich daß es eins ist
und wär jetzt wie du dismissed
ging mir nicht wie jedem christ
quäle nie ein tier zum scherz
denn es fühlt wie du den schmerz
außerordentlich zu herz

von sinnen (1)

ich sehe
ich höre
ich schmecke
ich rieche
ich taste
ich fühle
ich denke

ich sehe nichts
ich höre nichts
ich schmecke nichts
ich rieche nichts
ich taste nichts
ich fühle nichts
ich denke nichts

nichts
nichts
nichts
nichts
nichts
nichts
nichts

von sinnen (2)

wenn von sinnen
allmählich
einer komme

sei zu wundern
daß bei sinnen
er jemals war

denn wo sei
er da gewesen
und wohin

sei er von dort
gekommen

gehörgang

gehör geht
gehör kommt
gehör geht
gehör kommt
gehör geht
gehör kommt
gehör ging

lösung

das lösungs-ich
die ich-lösung

die ich-loslösung
das loslösungs-ich

ich – lösungslos
die ichlose lösung

der 17. august 1979

nach zeile
fünf schon
stocke er
habe sehr
starken kaffee
und mineral-
wasser zu sich
genommen ohne
wirkung auf
produktivität
inspiration
was sonst
gehe nun doch
nach draußen
auf letzten rest
in weinflasche zu
und schütte ihn
ins klosett
habe nun ruh
indem sofort
er öffne
die volle flasche

sogleich
beginne wieder
zu fließen heftig
doch diesmal
ohne niesen
seine nase
es sei dies
vermute er
das resultat
der produktivität
der putzfrau

glänzmittel liebevoll
und hemmungslos
auf fußboden
schüttend
erzielter glanz
tatsächlich sei
verblüffend
und dies allein schon
zu papier
bringen zu können
raube ihm fast
die sehkraft
doch tränen

die richtung
stimme vielleicht
nicht ganz
er habe sich
in letzter zeit
vielleicht verinnerlicht
durch gewisse bohrungen
seines verstandes
(dies wolle er
vorerst
nicht weiter antasten)

sein kurzes
bettwälzen nachmittags
um innre ruh
habe ihm plötzlich
an der schlafschwelle
weibes schoß
mit herausdrängendem
kindes kopf

verklebten schwarzhaars
deutlich gezeigt
gleich darauf
kopf dem kind zugeneigt
das kind
in ihren armen
dies ihn
aufschreilos
vom bett weg
sprengend
(er hätte
schreien können)

es sei ihm jedoch
in den jahrzehnten
seiner mannbarkeit
um das *schreiben*
gegangen, oder um
eine kombination von
schreiben und
schreien
(siehe das lautgedicht)

die pause
an dieser stelle
sei bedingt gewesen
durch zimmerschritte
zum pschyrembel
(klinisches wörterbuch)
ohne dort
noch auch im nachfolgenden
fremdwörterduden
den eindeutigen ausdruck
für die ihm eigene

art von demenz
zu finden

das gebärbild
sei ein erstmaliges
und sein heute einziges
erlebnis
gewesen
aber oft
habe er einen
um zwei oder drei
jahrzehnte älteren
altersgenossen
vor augen
sich den rotz
in langen strähnen
aus der nase ziehend
ihn mit den fingern
und der zunge
prüfend
(der bettnachbar
seines sterbenden
vaters; 1973)

dies lasse ihn
wie man so sage
kalt
(es sei
in etwa
er selbst)

tag, mit erinnerung

was ihn, da er
zwei stück
temesta schon
genommen und
noch abend
komme mit freunden
mit sorge fülle
sei dies glas
whiskey da, sorgsam
mit mineralwasser
gemischt, doch sei
die wirkung
laut prospekt
nicht abzusehen

viel größerer
qual indes
an diesem tag
sei er schon
ausgesetzt
gewesen durch
anvertrauung
seiner wohnungsschlüssel
über die urlaubszeit
die endlich komme
an seine hauswartin

nicht sie
jedoch die vorstellung
bei ihr
breche wer ein
bemächtige
sich seiner wohnungsschlüssel
und raube manuskripte, briefe, nie

wieder rekonstruierbares, hätten
auf seinen magen sich
geschlagen; hier
whiskey wohltat sei
nur bliebe
es nicht bei
diesem einen
glas

(nie
wieder rekonstruierbares, das sei
freilich er selbst; also was scherte ihn
dieser blätter verlust)

(sachte, er sei
im spiel mit dem einzigen
ihm gegenüber, dem
von ihm
gemachten)

(hier jämmere
der dichter sich aus)

vor wenigen
tagen ein blatt
mit langzeilen noch
beschrieben er habe
zwei abschnitten
die zu verbinden
ihm nicht gelungen sei

es sei gewesen
sein zustand, die in ihm
verschlossene hölle

und wie vorübergehe
er an anderen
den gleichen zustand
dort zu entdecken

meist entdecken könne er nur
verschlossenheit
ohne hinweis auf hölle oder paradies
jungmenschen
meide er
aber altleute
doch auch in altleuten drin
balgten sich
enkel und enkelin
seien ihnen engel
an grabes schwelle

es sei weiters gewesen
in seinem eßlokal
ein mann seines eigenen alters
ein fröhlich
lachender
blinder

bereits stehend
habe er verkündet
daß fritz
er nicht sei
und es nicht halten wolle
wie fritz

dann von der kellnerin
fröhlich verlangt
habe er seinen hut

inhalt